一番わかりやすいズパゲッティの本！

半日でサクサクできる
ズパゲッティバッグ＆小物

編み図がよめなくてもOK！ 詳細な手順解説で初めての人も大丈夫！

講談社

contents

- P4 ズパゲッティって何？／ズパゲッティの特徴
- P5 本書で使用するズパゲッティの種類／ズパゲッティってどこで購入できるの？
- P6 本書で使う主な材料／コンチョはどこで買えるの？
- P7 この本の使い方＆失敗しないコツ

P8 ミニポーチ 映像アリ

初心者の人はまずここからスタート！

>> つくり目　くさり編み　こま編み　引き抜き編み
　　糸の始末　コンチョ　ミニタッセル

P20 ショルダーバッグ

基本の編み方をマスターしたら、次はコレ！

>> 三つ編みショルダーひも

P24 クラッチバッグ

ループ付タッセルで両手が自由に。開閉も簡単なデザイン

>> 往復こま編み　ループ付タッセル

P30 2段フリンジ持ち手つきバッグ

フリンジのつけ方や持ち手の編み方をここでマスター！

>> 持ち手　フリンジ

P36 3段フリンジポシェット

バッグにラインを入れる方法を学べます

>> ライン入れ

P41 コラム～仕上がりに差が出るコツ

糸のつなぎ方／かぎ針の太さと編み目の違い

P42　角底ショルダートートバッグ

底は往復こま編み、側面はこま編みです

» 角底

P48　マルシェバッグ 映像アリ

定番のマルシェバッグ！　丸底の編み方はこれでマスター！

» 丸底

P56　ミニコンチョバッグ

丸底の編み方をマスターしたら、持ち手やフリンジをつけてみて♪

P60　チャームループ付マルチカラーポシェット

余った半端糸は捨てないでとことん活用！

» 糸の色変え　チャーム付ループ

P66　親子マルシェバッグ

ニコちゃんマークのつけ方や、ループをタッセル状にする方法をマスター

» ニコちゃんマーク　タッセルループ

- P73　ペットボトルホルダー
- P74　タッセル
- P76　ダブルタッセル
- P78　ティッシュケース

基本の編み方映像アクセス法

スマホやパソコンから下記にアクセスしてください。
基本の編み方をチェックできます。
(P9～16　ミニポーチ本体の編み方、P49～51　丸底1周めの編み方)
URL：https://youtu.be/QNYuJnPl8z8
(アップロード期間：2017年8月より2年間)

What is the Zpagetti?
ズパゲッティって何？

今までだったら廃棄されてしまっていた洋服の端材(ばざい)を断裁し、アップサイクル（そのまま利用）して作られた糸。だからとてもエコロジー（ただし、洋服端材のため、同じ色や柄がいつも手に入るとは限らないので注意が必要です）。
オシャレで耐久性があるのが特徴です。バッグを毛糸などで作る場合、中に物を入れると伸びてしまうので、中袋を別に作る必要がありましたが、ズパゲッティは耐久性があるので、中袋が必要なし。また、底から編んで、そのまま側面を立ち上げていくので、後から底や側面、持ち手などを縫い合わせる必要もありません。

About the properties of Zpagetti.
ズパゲッティの特徴

「グリーン」として販売されている商品。同じグリーンのカテゴリーでもこんなに幅があります。購入の際は色味をしっかり確認しましょう。また、全く同じ色をその後購入したくても手に入らない場合もあるので注意です。

◆その年に作られた洋服の端材のため、色やデザインは毎年変わります。
例えば同じ「グリーン」でも色の幅があります。
足りなくなってからの買い足しは難しいので、必要な個数をあらかじめ購入しておきましょう。

◆糸の品質にはバラつきがあり、途中で糸をつなぎ直さなければならないものもあります。
⇒糸のつなぎ方（P41コラム参照）

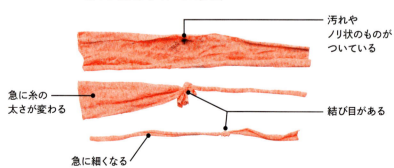

- 汚れやノリ状のものがついている
- 急に糸の太さが変わる
- 結び目がある
- 急に細くなる

アップサイクルのため、ズパゲッティを編んでいる途中でこのようなダメージ糸が出てくることはよくあります。不良品とは思わず、上手に糸をつなぎ合わせて使用しましょう。

An assortment of Zpagetti.

本書で使用するズパゲッティの種類

❶ ファジーズパゲッティ
　＊糸の風合いが独特で個性的な糸。

❷ ソリッドズパゲッティ
　＊同じ色でも購入時期や店舗によって異なります。本書で一番使う糸です。

❸ ネオンズパゲッティ
　＊トレンドにより限定販売されます。

❹ ミックス柄ズパゲッティ
　＊同じ柄は手に入りづらいので、気に入った糸はその場で購入しておきましょう。

❺ ベイビーズパゲッティ
　＊ズパゲッティのミニサイズ。ミックス柄などは差し色にするのにオススメ。

❻ リボンXL
　＊ズパゲッティと違って、リボン状に紡ぎ直しているので軽くて色や素材が通年で一緒です。

Where can I get the Zpagetti?

ズパゲッティってどこで購入できるの？

最寄りの手芸店に問い合わせるか、下記にお問い合わせください。
ディー・エム・シー株式会社　Tel.03-5296-7831（平日10時〜17時30分まで）

Materials

本書で使う主な材料

ズパゲッティ糸
(詳細はP5参照。本書では「ズパ」と省略)

かぎ針
(上から6mm、7mm、8mm)

コンチョ
(裏面にひも通しのついた飾り金具。様々なデザインが販売されています)

コンチョはどこで買えるの?

◎著者はインスタグラムのサイトなどから購入しています!
(インスタグラムのアクセス法などはご自身でご確認ください)
◆ショップ名 (インスタID):vintage.my
◆メール:you_and_me37@icloud.com
◎本書に出てくるチャームなどは、ネットショップや近くの手芸店など色々なところで手に入れています。

How to use this book & Tips on how to knit

この本の使い方&失敗しないコツ

1 P8〜19の「ミニポーチ」のページで、基本の編み方
「くさり編み」「こま編み」「引き抜き編み」の編み方が掲載されています。
また、仕上げやコンチョの付け方など、バッグ作りの基礎的な工程が
この項目で紹介されています。初めての人はそこから始めましょう。

2 P73〜の小物類は編み方の基本を理解してから編むことをオススメします。
バッグの編み方で出てきた技法を理解された方への説明となっています。

3 1段めが編めたら、サイズを測り、小さすぎないか、大きすぎないか確認しましょう。
最初のうちに気づくことができれば、編み直しも簡単です。

4 初心者の人は、1段編むごと、1周編むごとに目数を確認しましょう。

5 正しい目数で編めているかは、
「立ち上げ」がそろっているかで確認できます。

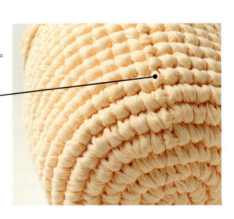

立ち上げ
他の目と形が違います。
真っ直ぐに立ち上げの目が
そろっていればOK。

6 編み地の表と裏を把握しましょう。
ズパゲッティでは裏面もきれいなので、それを表側にして使用している例もありますが、
表と裏の編み地の違いは理解しておきましょう。

表

裏

横の目が並んでいます

Mini Pouch

How to make P9

基本の編み方はこのポーチでマスター！
糸色を変えてたくさん編もう！

初心者の人はまずここからスタート！
ミニポーチ

材料
ミント系ベイビーズパ（1玉・25m）
ミックス系ズパ（約3m）
かぎ針6mm
コンチョ（直径約3cm）
ナスカン（タッセル用1個）
はさみ

Ⓐ

Ⓑ〜Ⓘ：好みのベイビーズパ（1玉・25m）、ミックス系ズパ（タッセル用、約3m）

これが入ります

10cm
15cm

・携帯

 STEP >> 1段めを編む　つくり目　くさり編み　 映像アリ

1　ラベルを取り、糸端から使う。

2　輪を作る。

3　2の輪の中に糸を輪にして通す。

4　輪の中にかぎ針を入れ引き締める。

5　つくり目の完成。

10cm 糸端を残す

6　左手の人差し指に糸をかける。

親指と中指でつくり目を押さえる
長い糸は小指にかける

7　糸をかぎ針にかけ、矢印の方向へ引き抜く。

8　くさり編み1目めの完成。

9　7〜8の要領で12目（15cm）編む。

＊サイズは入れたいものに合わせる

10　2段めを作るため、もう1目くさり編みをする。

>> こま編み

ココにかぎ針を入れる

11　V字の編み目がはっきり見える側から反対側に返す。矢印で示した目（2目め）にかぎ針を入れる。

12　2目め（矢印で示した場所）にかぎ針を入れた状態。

13　糸をかぎ針にかけ、矢印の方向に引き、①から引き出す。

14　引き出した後の状態。

15　糸をかぎ針にかけ、矢印の方向に引き、一度に2つの輪を通す。

16　こま編みの1目めが完成。

17　次の目（矢印）にかぎ針を入れ、12〜16の要領でこま編みを編む。

12目編んだか確認する

12 11 10 9 8 7 6 5 4 3 2 1

18 こま編みで12目編んだ状態。

19 右から左へ編むため、写真のように向きを変える。

20 矢印の目からかぎ針を入れる。

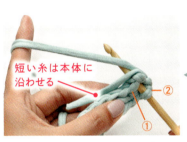

短い糸は本体に沿わせる

ポイント ✗

注意：V字の目の間に入れないこと

21 矢印の目(V字の下)からかぎ針を入れた状態。短い糸は一緒に編み込むので本体に沿わせる。

22 糸をかぎ針にかけ、矢印の方向に引き、①から引き出す。

23 ①から引き出した後の状態。

24 糸をかぎ針にかけ、矢印の方向に引き、一度に2つの輪に通す。

25 引き出した後の状態。

途中、編み地が丸まってくるので平らにしながら編むとよい

26 矢印の目からかぎ針を入れる。

27 矢印の目からかぎ針を入れた状態。21〜25の要領で12目こま編みする。

28 写真のように短い糸は生地に編み込んでいく。

1周24目になっているか確認する

>> 引き抜き編み

29 編み終わりの状態。

30 写真のように編み地の向きを変え、矢印の目からかぎ針を入れる。

31 糸をかぎ針にかけ、矢印の方向に引き、一度に2つの輪に通す。

32 引き抜いた後の状態。人差し指にかかっている糸を引き、かぎ針にかかっている輪を引き締める。

33 1段めの完成。

 STEP >> 本体部分を作る

34 糸をかぎ針にかけ、矢印の方向に引き抜き、くさり編み P9(7～8)で1目立ち上げる。

35 くさり編みで1目編んだ状態。

36 本体が表側になっていることを確認し、矢印の目からかぎ針を入れる。

ポイント1
右から左へ編むが、×の段から編む人がいるので注意！

ポイント2
このような真っ直ぐな線が出ているのが裏
本体が裏側の状態から編もうとしていないか注意！

37 矢印の目からかぎ針を入れた状態。

38 糸をかぎ針にかけ、矢印の方向に引き、①から引き出す。

39 引き出した状態。

40 糸をかぎ針にかけ、矢印の方向に引き、一度に2つの輪に通す。

41 引き抜いた後の状態。こま編み1目めの完成。

42 次の目にかぎ針を入れ、37〜41の要領でこま編みを12目編む。

12目編んだか確認する

43 編み終えた状態。

44 矢印の目からかぎ針を入れる。

45 矢印の目からかぎ針を入れた状態。ここから37〜41の要領でこま編みを12目編む。

46 編み終えた状態。

48 矢印の目からかぎ針を入れる。

47 丸まった生地を平らにし、1周の目数が24目になっているか確認する。

49 矢印の目にかぎ針を入れた状態。

50 糸をかぎ針にかけ、矢印の方向に引き、一度に2つの輪に通す。

51 引き抜いた後の状態（引き抜き編みをした後の状態）。

52 糸端を矢印の方向に引き、輪を引き締める。

53 2段めの完成。

54 糸をかぎ針にかけ、矢印の方向に引き、くさり編みで1目立ち上げる。

55 くさり編みで1目立ち上げた状態。

引き抜き編みした目から編む

56 矢印の目にかぎ針を入れ、37～41の要領でこま編みを1周（24目）編む。

57 矢印の目にかぎ針を入れ、引き抜き編みをし3段めの完成。

ポイント
引き抜き編みの方向に注意

〇　　✕

糸の外側からかぎ針を入れる

くさり編みで1目
立ち上げた状態

7段めは
引き抜き編みのみで
立ち上げのくさり編みは
しない

7段編んだ状態

58 くさり編みで1目立ち上げる。こま編み→引き抜き編み→くさり編みで1目立ち上げ… を、あと4段分(計7段、縦10cm)繰り返す(最後の7段めは立ち上げのくさり編みはしない)。
*❷、❻は最後の1段(7段め)から糸の色変えをする(P61〈3〜7〉)。

STEP ≫ 本体上部の仕上げ 　引き抜き編み

59 隣の目にかぎ針を刺す。

60 糸をかぎ針にかけ、矢印の方向に引き、一度に2つの輪に通す。

61 引き抜いた後の状態(引き抜き編みをした後の状態)。

62 隣の目にかぎ針を入れ、同様の要領で引き抜き編みで1周編む。

63 1周(24目)編み終えた状態。

STEP ≫ 本体の仕上げ 　糸の始末

64 糸端を15cm残して切る。

65 かぎ針にかかった糸をある程度まで引っ張ったら、指で引っ張り内側の糸を全て外に引き出す。

66 内側からかぎ針を刺し、外の糸を内側へ引き入れる。

67 内側へ引き入れた状態。

68 引き入れた糸を近くの編み目に引き入れる。さらに、同じ目から再度糸を引き入れる（ほつれにくくするため）。

同じ目に二度出し入れするとほつれにくくなる

69 残りの糸を再度近くの目に入れ、同じ目に対して引き込んで抜く動作を2回行う。

70 5mm糸を残して切る。

71 本体の完成。

STEP

>> コンチョをつける　コンチョ

72 バッグと同じ色の糸を40cm用意し、コンチョに通し、中央でしっかり結ぶ。

73 コンチョを本体の上に置いてみて、バランスを見ながらコンチョをつける位置を決める。

74 コンチョをつける位置の内側からかぎ針を入れ糸の片方を引き入れる。

75 もう片方の糸も内側に引き入れる。

76 糸を裏側でかた結びをする。

77 内側の糸をそれぞれ外側へ引き出す。

78 引き出した2本の糸をコンチョの周囲に、それぞれ2周ずつきつく巻きつける。

79 内側に糸を引き戻す。

80 再度裏側でかた結びをする。

81 残った糸の始末P16（68、69）をする。

82 糸端を5mm残し、それぞれ切る。

83 コンチョがつきました。

≫ シンプルループをつける

84 好みの柄の糸を40cm用意する。

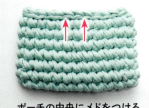
ポーチの中央にメドをつける
85 本体を裏返し、コンチョの反対側になる部分（ポーチの中央）にメドをつける。

86 かぎ針で糸を引き込み、メドをつけた位置に糸を通す。

87 コンチョの下に
かかる長さにしてしばる。

88 糸は好みの長さに切る。

89 完成。

›› ミニタッセルを作る　ミニタッセル

90 ミックス柄の25cmの糸を7本、
35cmの糸を1本、
本体と同色の35cmの糸を1本、
ナスカン1個を用意する。

91 ミックス柄の35cmの糸の中央に
ナスカンを通す。

92 ミックス柄の25cmの糸7本を
ナスカンの上に置く。

糸の表が下に
なるように置く

93 91の糸を上に置いた25cmの糸に
ぐるっと1周させてからナスカンに通す。

94 一度きつくしばる。

95 ナスカンを持ち、形を整える。

上側の輪を
大きく

96 本体と同色の35cmの糸を
上から2cm位のところで、
8の字になるように持つ。

97 8の字の中央に
3周糸を巻きつける。

98 大きい輪の片側（下の短い糸が引き込まれない方）を引き、下の輪を周囲に巻いた糸の中に引き込む。

99 下側の小さい輪が見えなくなりました。

100 さらに3回長い方の糸を周囲に巻きつける。

101 上側の糸端を大きい輪に入れ、しっかり押さえて、下側の糸を下へ引っ張る。

102 結び目が見えなくなるまで上下にしっかり引っ張る。

103 上下の余分な糸端を見えないようギリギリのところで切る。

104 形を整える。上部がボコボコしているときは、下の糸を引っ張り、調整する。

105 好みの長さに切りそろえる。

106 ミニタッセルの完成。

ナスカンとコンチョの色をそろえるときれいです

107 好みの位置にナスカンをつける。

完成

P23のショルダーひもをつければミニポシェットに！

Shoulder Bag

How to make P21

デザインは一緒なのに、糸色を変えるだけで
秋・冬仕様や夏仕様に!

基本の編み方をマスターしたら、次はコレ！
ショルダーバッグ

材料
アイスブルー系ズパ(2/3玉・80m)
＊ショルダーひも分含む
かぎ針7mm
コンチョ(直径約3cm)
ナスカン(ショルダーひも用2個)
はさみ

Ⓑ
Ⓐ：ブラウン系ズパ(2/3玉・80m)

これが入ります
・長財布
・携帯
・キーケース
16cm
23cm

 STEP ≫ **1段めを編む**

＊サイズは入れたいものに合わせる

1　P9(1～9)を参照し、くさり編みで19目(23cm)編む。
　　P10(10)を参照し、くさり編みでもう1目増やす。

2　P10(11～33)を参照し、こま編みを
　　した後、引き抜き編みをし、1段めを完成させる。

 STEP ≫ **本体部分を編む**

3
P12(34～58)を参照し、くさり編みで1目立ち上げたら、
1周こま編み(38目)→引き抜き編み→くさり編みで1目立ち上げる…を
繰り返し、10段(縦16cm)まで編む。
最後は引き抜き編みのみで、立ち上げのくさり編みは編まない。

 STEP ≫ **本体上部の仕上げ**

4　P15(59～62)を参照し、引き抜き編みで1周編む。

>> 糸の始末

5　P15(64〜70)を参照し、糸の始末をする。

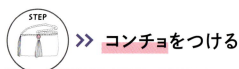
>> コンチョをつける

6　P16(72〜82)を参照し、コンチョをつける。

>> 三つ編みループをつける

7　本体と同色の80cmの糸を3本用意する。

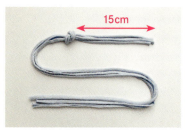

8　15cmのところで軽くしばる。後でほどくので軽めにしばること。

9　三つ編みを編みやすくするためテープで固定し、三つ編みを編む。15cm残して軽くしばる。

10　P17(85〜86)の要領でループを通す。

11　ループを前側に持ってきて縛っていた部分をほどく。

12　コンチョの下にかかるように調整してから1つにしばる。

13　好みの長さに切る。

14　ループがつきました。

三つ編みショルダーひもをつける　三つ編みショルダーひも

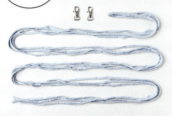

15　ナスカン2個と3mの糸を3本用意する（長さは使用サイズに合わせる）。

16　3本の糸の真ん中1.5mのところにナスカンを通す。

17　三つ編みを編みやすくするため、ナスカン部をテープで固定し、三つ編みを編む。30cmほど糸を残す。

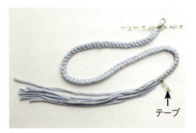

18　三つ編みがほどけないようテープで仮止めをする。

19　仮止めをした位置にナスカンを通し、テープはとる。

20　ナスカンの根元を包むようにしっかりしばり、三つ編みショルダーひもの完成。

21　ショルダーバッグの両端の糸に数本かませてナスカンをつける。

22　残した糸部分を好みの長さに切る。

完成

Clutch Bag
How to make P25

コンチョやタッセル＆ループの糸色次第で、
カジュアルにもパーティ仕様にも。

クラッチバッグ

ループ付タッセルで両手が自由に。開閉も簡単なデザイン

材料
- ブルー系ズパ(1玉・120m)
- ミックス系ズパ(約4.2m)
- かぎ針8mm
- コンチョ大(直径約3cm)
- コンチョ小(直径約2cm)
- ナスカン1個
- はさみ

Ⓐ
Ⓑ:ブラック系ズパ(1玉・120m)、ラメ系ズパ(約4.2m)

これが入ります
- B5ノート
- 長財布
- 携帯
- キーケース
- ペン

18cm × 28cm

STEP ≫ 1段めを編む

*サイズは入れたいものに合わせる

1　P9(1〜9)を参照し、くさり編みで21目(28cm)編む。P10(10)を参照し、くさり編みでもう1目増やす。

2　P10(11〜33)を参照し、こま編みをした後、引き抜き編みをし、1段めを完成させる。

STEP ≫ 本体部分を作る

3　P12(34〜58)を参照し、くさり編みで1目立ち上げたら、1周こま編み(42目)→引き抜き編み→くさり編みで1目立ち上げる…を繰り返し、10段(縦18cm)まで編み、最後は引き抜き編みをする。

STEP ≫ ふた部分を作る　往復こま編み

4　くさり編みで1目立ち上げる。

5　こま編みで21目編む。

6　くさり編みで1目立ち上げる。

*5の編み地を裏返した状態

7 2段めは右から左へ編むため本体を裏返し、こま編みで21目編む。

8 2段めが編めました。

9 くさり編みで一目立ち上げ、本体を裏返し、こま編みで編む…を残り8段（計10段、縦16cm）繰り返す。

STEP

≫ 本体ふた部分の仕上げ

10 くさり編みで1目立ち上げる。

11 本体を裏返し、矢印の目にかぎ針を入れ、21目仕上げの引き抜き編みP15（59〜62）をする。

矢印の目にかぎ針を入れた所

12 21目引き抜き編みを終えた状態。

13 糸端を15cm残して切る。

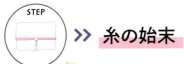
糸の始末

14 かぎ針にかかっている輪を引き、引き抜く。

15 フタの内側の目(余った糸の近くの目)からかぎ針を出し、糸をかぎ針にからめ、目に通す。

16 P16(68、69)を参照し、糸の始末をする。

17 糸端を5mm残して切る。

18 本体の完成。

コンチョをつける

ループをつける

19 P16(72～82)を参照し、コンチョをつける。

20 60cmの糸(または革ヒモなど好みの糸)を用意し、半分に折る。

21 上ブタのコンチョに半分に折った糸を巻きつけ、輪に糸を通し、引き締める。

22 下側のコンチョの下にかかる長さにしてしばる。

23 クラッチバッグの完成。

≫ ループ付タッセルを作る　ループ付タッセル

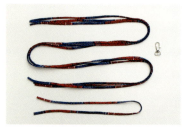

24　60cmの糸を1本、1.2mの糸を3本、ナスカン1個を用意する（色は好みの色で）。

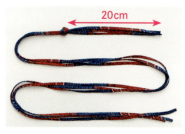

25　1.2mの糸の方を20cm残して軽くしばる（後でほどくので）。

26　三つ編みを編みやすくするためテープで固定し、三つ編みをする。20cm残して軽くしばる。

27　ナスカンを通しやすくするため、結び目の上部を軽くテープで仮止めし結び目をほどく。

28　ナスカンを仮止めの部分まで通す。

29　テープを外し、ナスカンの部分を包むようにきつくしばる。

30　手芸用ボンドを三つ編み内側と結び目内側の部分に塗る。

31　しっかり接着させる。

32　結び目の下を持ち、60cmの糸を8の字になるように持つ。

33　8の字の中央に3周糸を巻きつける。

34　大きい輪の片側（下の短い糸が引き込まれない方）を引き、下の輪を周囲に巻いた糸の中に引き込む。

35　小さい輪が見えなくなりました。

36 さらに3回長い方の糸を周囲に巻きつける。

37 糸端を大きい輪に入れ、上側の糸をしっかり押さえて、下側の糸を下へ引っ張る。

38 結び目が見えなくなるまで上下にしっかり引っ張る。

39 上下の余分な糸端を見えないようギリギリのところで切る。

40 好みの長さに切る。

41 ループ付タッセルの完成。

42 クラッチバッグの端の糸に数本かませてナスカンをつける。

完成

2 Layered-Fringe Handbag

How to make P31

歩くたびにフリンジが揺れて、表情豊かなバッグ。
糸色を変えて何個も作ってみて。

フリンジのつけ方や持ち手の編み方をここでマスター

2段フリンジ持ち手つきバッグ

材料

ベージュ系ズパ(1玉・120m)
かぎ針7mm
コンチョ(直径約3cm)
はさみ

B
A:オレンジ系ズパ(1玉・120m)

これが入ります

17cm
28cm

・二つ折財布（長財布もOK）
・携帯
・キーケース
・手帳

STEP ≫ 1段めを編む

*サイズは入れたいものに合わせる

1　P9(1〜9)を参照し、くさり編みで24目(28cm)編む。
　　P10(10)を参照し、くさり編みでもう1目増やす。
　　底を完成させる。

2　P10(11〜33)を参照し、こま編みをした後、
　　引き抜き編みをし、1段めを完成させる。

STEP ≫ 本体部分を作る

3
P12(34〜58)を参照し、くさり編みで1目立ち上げたら、
1周こま編み(48目)→引き抜き編み→くさり編みで1目立ち上げる…を繰り返し、
11段(縦17cm)まで編む。
最後の段は引き抜き編みのみで、立ち上げのくさり編みは編まない。

STEP ≫ 本体上部の仕上げ

4　P15(59〜62)を参照し、
　　最上部を1周引き抜き編みをする。

5　本体の完成。

>> 持ち手を編む―1周め 持ち手

6 つなぐための引き抜き編みをする。

7 くさり編みで1目立ち上げる。

8 矢印の位置から6目こま編みをする。

9 6目こま編みした状態。

10 くさり編みで12目編む。

11 12目あける。

12 こま編みで6目編む。

13 6目こま編みした状態。

14 右から左へ編むため、裏返す。

15 6目こま編み、12目くさり編み、12目あけて6目こま編み(8〜13)を繰り返す。

16 矢印の位置からかぎ針を入れ、引き抜き編みをする。

>> 持ち手―2周め

17 くさり編みで1目立ち上げる。

18 こま編みを5目編む。

＊こま編みをした後の状態

19 6目めは編み目の下（矢印）にかぎ針を刺し、こま編みをする。

20 すでに編んだくさり編みに対し、こま編みをする。
矢印の位置（目の中央からかぎ針を刺す）から12目こま編みをする。

21 こま編みを12目編んだ状態。

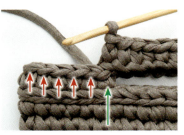

22 編み目の下（緑の矢印）にかぎ針を刺し、1目こま編みをする。残りの5目は赤い矢印からこま編み。

23 持ち手2周めの表側を編んだ状態。

24 本体を裏返し、
18〜22の要領で編む。

25 矢印の位置からかぎ針を入れ
引き抜き編みをする。

26 P15(59〜62)を参照し、
最上部を引き抜き編みで1周編む。

27 糸端を15cm残して切り、
糸の始末(P15〈64〜70〉)を行う。

 >> **本体にフリンジを2段つける**　フリンジ

28 30cmの糸を22本、
40cmの糸を22本ずつ用意する。

29 9段めのところに、
40cmのフリンジをつける。

30 矢印の方向に、
9段めの左端の目にかぎ針を刺す。

31 40cmの糸を半分に折り、
かぎ針に引っ掛ける。

32 引っ掛けた糸を目に通す。

33 かぎ針を外し、
輪の中に糸を通す。

34 上側の糸を持ち、上の方へ一度引っ張り、引き締める。

35 輪をしっかり持ち、下の方へ糸を引き締める。

36 フリンジが1本つきました。

37 同様の要領で残り21本のフリンジをつける。

38 11段めにフリンジをつける。

39 11段目には30cmの糸をつける。同様の要領でつけていく。

40 11段めにもフリンジがつきました。

41 はさみで長さを整える。

42 整えました。

>> コンチョをつける

完成

43 P16(72〜82)を参照し、コンチョをつけ、完成。

3 Layered-Fringe Pochette

How to make P37

ラインの色は差し色として、ベースの色より
はっきり目立つ色にするとかわいく仕上がります。

バッグにラインを入れる方法を学べます
3段フリンジポシェット

材料
- グレー系ズパ(2/3玉・80m) *ショルダーひも分含む
- デニム色系ズパ(3m)
- かぎ針6mm
- コンチョ(直径約3cm)
- ナスカン(ショルダーひも用2個)
- はさみ

Ⓐ
Ⓑ：サーモンピンク系ズパ(2/3玉・80m)、水色系ズパ(3m)

これが入ります
- 二つ折財布
- 携帯
- キーケース

22cm × 22cm

》 1段めを編む

*サイズは入れたいものに合わせる

1 P9(1〜9)を参照し、くさり編みで20目(22cm)編む。
P10(10)を参照し、くさり編みでもう1目増やす。

2 P10(11〜33)を参照し、こま編みをした後、引き抜き編みをし、1段めを完成させる。

》 本体部分を作る

3 P12(34〜58)を参照し、くさり編みで1目立ち上げたら、1周こま編み(40目)→引き抜き編み→くさり編みで1目立ち上げる…を繰り返し、15段(縦22cm)まで編む。
最後は引き抜き編みのみで、立ち上げのくさり編みは編まない。

》 本体の仕上げ

4 P15(59〜62)を参照し、矢印からかぎ針を入れ最上部を引き抜き編みで1周編む。

5 糸端を15cm残して切り、糸の始末(P15〈64〜70〉)を行う。

≫ 本体にラインを入れる（引き抜き編み） ライン入れ

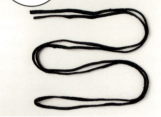

6　本体と違う色の糸を3m用意する。

7　11段めと12段めの間に
　　ラインを入れる。

8　かぎ針を11段めと12段めの間に入れ、
　　内側の糸を糸端10cm残し、
　　引き出す（糸は引き抜ききらないこと）。

9　隣の目（矢印）にかぎ針を刺す。

10　中の糸をかぎ針で引き出し、引き出した糸を矢印の方向へ引き抜く。

11　隣の目にかぎ針を刺し、
　　同様の動作を1周繰り返す。

12　1周つながったら、
　　糸端を15cm残して切る。

13　残した糸端を外側の目にかぎ針を
　　使って引き出し、
　　指で引っ張り外に出す。

14　かぎ針を使って、
　　引っ張り出した糸を隣の目に
　　内側に引き込む。

15　内側でしっかりかた結びをし、
　　1cmほど残して糸を切る。

16　ラインの完成。

>> コンチョをつける

 >> シンプルループをつける

17　P16(72〜82)を参照し、コンチョをつける。

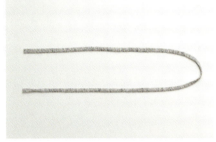
18　本体と同色の60cmの糸を用意する。

19　糸の中央をコンチョにかける。

20　コンチョの真後ろにあたる位置にメドをつけ、内側からかぎ針で糸を引き入れる。

21　もう片方の糸も同様に内側に引き入れる。

22　内側の糸をギュッと引っ張り、長さを調整する。

23　コンチョから一度糸を外す。

24　輪の長さが変わらないよう気をつけ、内側の糸をかた結びする。

25　P16(68〜70)の要領で糸の始末をする。

26　糸の始末をした状態。

27　シンプルループがつきました。

>> ## 本体にフリンジを3段つける

28 30cmに切った糸を50本用意する。

29 ラインから下の1段め、3段め、5段めにフリンジをつける。

30 P34(30〜36)の要領で5段め全てにフリンジをつける(計20本)。

31 5段めにフリンジがついた状態。

32 3段めは1目ずつ飛ばしてフリンジをつける(計10本)。

33 3段めにフリンジがついた状態。

34 1段めは全ての目にフリンジをつける(計20本)。

 >> ## 三つ編みショルダーひもをつける

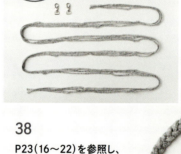

37 ナスカン2個と3mの糸を3本用意する(長さはご使用サイズに合わせてください)。

35 はさみで長さを整える。

36 整えました。

38 P23(16〜22)を参照し、三つ編みショルダーひもを作り、取りつけて、完成。

完成

COLUMN　〜仕上がりに差が出るコツ

糸のつなぎ方

*わかりやすいように違う色を使用しています

編んでいる途中で、ダメージのある糸があった場合、一度その部分を切ってから、きれいな糸に結び直して使用しましょう。ただし、結び方を間違えるとスルッと抜けてしまいます。ここで正しい結び方を説明するのでマスターしてください。新しい糸の置き位置が非常に重要です。この結び方は、P44やP61の糸の色変えのときも同様です。

1　新しい糸（ピンクの糸）をつなぎたい糸（ブルーの糸）の上側にくるようにする。

2　交差させる。

3　ピンクの糸が上になるように置き、結ぶ。

4　結び目をギュッと引き締め、糸端を5cmずつ残して切れば完成。

かぎ針の太さと編み目の違い

11目3段編んだ編み地

7mmかぎ針で編んだ編み地

10mmかぎ針で編んだ編み地

かぎ針の太さを変えると同じ目数や段数でも編み地の雰囲気が変わります。本書では6〜8mmのかぎ針を使用していますが、好みによってかぎ針の太さを変えて編んでOKです。その際は仕上がりの大きさなども変わるので、調整しながら編みましょう。

Shoulder Tote Bag

How to make P43

バッグ側面と底の色を変えて作ってみて。
オシャレ度の高いバッグです。

角底ショルダートートバッグ

底は往復こま編み、側面はこま編みです

材料
- 濃青系ズパ(1/2玉・60m)
- ミックス系ズパ(1/3玉・40m)
- かぎ針7mm
- ハート形コンチョ(直径約4cm)
- はさみ

Ⓑ

Ⓐ:ミックス系ズパ(1/2玉・60m)、青系ズパ(1/3玉・40m)、貝形コンチョ(直径約3cm)

これが入ります

- 長財布
- ペットボトル
- キーケース
- ミニポーチ
- 携帯

STEP ≫ 角底を編む   角底

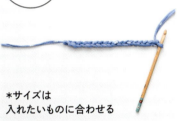

*サイズは入れたいものに合わせる

1 P9(1〜9)を参照し、くさり編みで18目(26cm)編む。P10(10)を参照し、くさり編みでもう1目増やす。

*P10(18)の工程までなので、注意

2 P10(11〜18)を参照し、こま編みを18目編む。

3 立ち上げのくさり編みを1目編む。

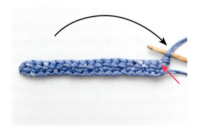

4 右から左へ編むため裏返して写真のように向きを変え、矢印からこま編みで18目編む。

5 18目こま編みをしたら、立ち上げのくさり編みを1目編む。

6 編み地の向きを変え、こま編み18目→くさり編みで1目立ち上げる→編み地の向きを変える…の工程でさらに7段編む(計9段、12cm)。9段めの18目めのこま編みは糸色を変えるため、糸をすくい、2本糸がかぎ針にかかった状態(写真)で止める。

糸端は15cm残して切る

7 新しい色の糸（濃青系）を今まで編んでいた糸の根元の部分で結び、つなぐ（糸のつなぎ方、P41参照）。

8 9段め18目めのこま編みは、新しい糸を編み込む。

9 編み込みました。9段め18目めのこま編みの完成。くさり編みで1目立ち上げる。

STEP ▶▶ 側面を編む

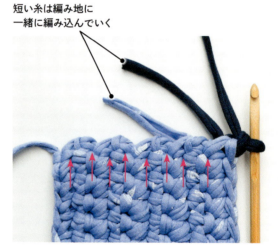

短い糸は編み地に一緒に編み込んでいく

10 サイドを右から左へ編むために、90度角度を変える。

11 矢印の位置にかぎ針を刺し、短い2本の糸を沿わせ、こま編みを8目編む。

12 こま編みを8目編みました。

13 右から左へ編むために90度回転する。矢印の位置にかぎ針を入れ、短い糸を沿わせ18目こま編みする。

14 こま編みで18目編んだ状態。

15 編み地の向きを90度変え、矢印の目にかぎ針を入れてこま編みで8目編む。

16 こま編みで8目編んだ状態。

17 編み地の向きを90度変え、矢印の目にかぎ針を入れてこま編みで18目編む。

18 こま編みで18目編んだ状態。1段めの完成。

19 矢印の目からかぎ針を入れ、引き抜き編みをし、くさり編みで1目立ち上げる。

こま編みは引き抜き編みをした目から始める

20 1周こま編み(52目)→引き抜き編み→くさり編みで1目立ち上げる…を繰り返し、残り9段(計10段、15cm)まで編む。最後の段は引き抜き編みのみで、立ち上げのくさり編みは編まない。

 >> **本体上部の仕上げ**

21 P15(59～62)を参照し、引き抜き編みで1周編む。

 >> **本体の仕上げ**

22 P15(64～70)を参照し、糸の始末をする。

>> コンチョをつける

23 P16(72〜82)を参照し、コンチョをつける。

>> ショルダーひもをつける

24 底で使用した糸と同じ色の糸を2m、6本用意する。

25 糸端を15cmずつ残して2本ずつ糸をとり、三つ編みをし、軽くしばる。

26 立ち上げから5目めと6目め(矢印)の間に、25で作った糸を通す。

27 糸を通した後の状態。

28 立ち上げから10目めと11目めの間(矢印)に糸を通す。

29 糸を通した後の状態。

30 立ち上げから24目めと25目めの間(矢印)に糸を通す。

31 糸を通した後の状態。

32 立ち上げから29目めと30目め(矢印)の間に糸を通す。

33　29目めと30目めの間から糸を出している様子。

34　立ち上げから31目めと32目め(矢印)の間に糸を通す。

35　31目めと32目めの間から糸を出している様子。

36　立ち上げから36目めと37目め(矢印)の間に糸を通す。

37　糸を通した後の状態。

38　立ち上げから50目めと51目め(矢印)の間に糸を通す。

39　糸を通した後の状態。

40　立ち上げから3目めと4目め(矢印)の間に糸を通す。

41　糸を通した後の状態。

42　仮しばりをほどき、12本の糸をまとめてしばる。

43　糸を1本ずつ引っ張り、結び目をギュッと引き締めていく。

44　結んだ糸の端をはさみで整え、完成。

完成

47

Marché Bag

How to make P49

リクエストNo.1。
好みのコンチョとタッセルで
オリジナルマルシェを作ってみて。

定番のマルシェバッグ！　丸底の編み方はこれでマスター！

マルシェバッグ

材料

ブルー系ズパ(3/4玉・90m)
かぎ針6mm
ヒトデコンチョ(直径約4cm)
はさみ
＊タッセルはP74を参照

Ⓐ：カーキ系ズパ(3/4玉・90m)、好みのコンチョ2個(直径約3cm)

これが入ります

16cm
20cm

・二つ折財布
(長財布もOK)
・キーケース
・ミニポーチ
・ペットボトル
・携帯

STEP

>> 丸底の1周めを編む　　丸底　　映像アリ

1　直径約8cmの輪を2つ作り、糸端を約10cm残す。

2　輪にかぎ針を通し、糸をかぎ針にかけ、矢印の方向に引く。

3　さらに糸をかぎ針にかけ、矢印の方向に引く。

>> こま編みを8目編む

長めにとること
(短くすると12の輪が引き締めづらくなる)

4　輪の中からかぎ針を通す。

5　糸をかぎ針にかけ、矢印の方向に引く。

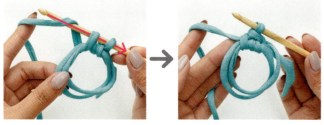

6 糸をかぎ針にかけ、矢印の方向に引き、一度に2つの輪に通す。

8 1目め(矢印)に
かぎ針を入れる。

7 4〜6のこま編みを7回繰り返し、
計8目編む。

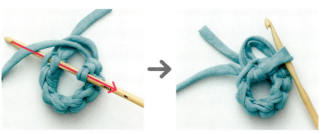

9 糸をかけ、矢印の方向に引き、2つの目に通す。

10 かぎ針を引いて、輪を引っ張り、
2つの目を近づける。

>> 1周め(8目)を
完成させる

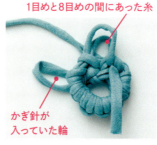

1目めと8目めの間にあった糸

かぎ針が
入っていた輪

11 かぎ針を一度外し、裏返す。

ポイント

短い糸が
出ている側

1目めと8目めの間の糸のうち、手前の
糸(矢印)の右側を上の方へ引っ張る

12 手前の糸の右側を
上の方に引っ張っている様子。

13 しばらく上方へ引くと
もう片方の糸が縮み、
中に引き入れられていく。

14 もう片方の糸が完全に引き
入れられたら短い糸を引っ張り、
さらに引き締める。

15 もう1本の糸が引き入れられ、中央が完全に埋まるまで引っ張りきる。

16 裏返す。

17 かぎ針を入れ、糸を引き、輪を引き締める。

≫ くさり編みで1目立ち上げる

18 立ち上げのためのくさり編みを1目編む。

≫ 2周めを編む（16目）─1目に2目ずつこま編み

19 短い糸を沿わせ、矢印の位置にかぎ針を刺す。

20 糸をかぎ針にかけ、矢印の方向に引き抜き、1目めに通す。

21 糸をかぎ針にかけ、矢印の方向に引き、一度に2つの輪に通す。こま編みが1目完成。

22 20と同じ目（矢印）にかぎ針を入れ、もう一度こま編みを編む。

23 1つの目に2目編んだ状態。

24 次の目(矢印)以降も同様に、1目に2回こま編みをし、残り7目分編む(計16目)。

25 16目できました。

26 矢印の位置にかぎ針を入れ、引き抜き編みをし、立ち上げのくさり編みを1目編む。

›› 3周めを編む(24目)—2目・1目ずつこま編み

3周めは短い糸は沿わせなくてOK

27 矢印の位置にかぎ針を入れ、1目に2回こま編みをする。

28 矢印の位置にかぎ針を入れ、1目に1回こま編みをする。

29 2目、1目のこま編みを計8回繰り返し、24目編む。

30 矢印の位置にかぎ針を入れ、引き抜き編みをする。

31 立ち上げのくさり編みを1目編む。

▶▶ 4周めを編む（32目）―1目・1目・2目ずつこま編み

32 矢印の位置にかぎ針を入れ、こま編みをする。

33 矢印の位置にかぎ針を入れ、こま編みをする。

34 矢印の位置にかぎ針を入れ、同じ目に2回こま編みをする。

35 32〜34の、1目・1目・2目のリズムを計8回繰り返し、32目編む。

36 矢印の位置にかぎ針を入れ、引き抜き編みをし、立ち上げのくさり編みを1目編む。

▶▶ 5周めを編む（40目）―1目・2目・1目・1目ずつこま編み

37 矢印の位置にかぎ針を入れ、こま編みをする。

38 矢印の位置にかぎ針を入れ、同じ目に2回こま編みをする。

39 矢印の位置にかぎ針を入れ、こま編みをする。

40 矢印の位置にかぎ針を入れ、こま編みをする。

41 37〜40の、1目・2目・1目・1目のリズムを計8回繰り返し、40目編む。

42 矢印の位置にかぎ針を入れ、引き抜き編みをし、立ち上げのくさり編みを1目編む。

≫ 6周めを編む（48目）―1目・1目・1目・1目・2目ずつこま編み

43 矢印の位置にかぎ針を入れ、こま編みをする。
続けてこま編みを3目編む。

44 矢印の位置にかぎ針を入れ、同じ目に2回こま編みをする。

45 43〜44の、1目・1目・1目・1目・2目のリズムを計8回繰り返し、48目編む。

46 矢印の位置にかぎ針を入れ、引き抜き編みをし、立ち上げのくさり編みを1目編み、底の完成。

STEP ≫ 本体を編む

ポイント
1目編んだら1周の目安とするため、段数リングなどで目印をつけておくとと良い

47 矢印の位置にかぎ針を入れ、こま編みを1周（48目）編む。

編み進めると反り返ってくるのでその都度形を整える

1周ごとに引き抜き編み＋くさり編みで1目立ち上げを忘れないこと

仕上げの引き抜き編み

48 1周編みました。矢印の位置にかぎ針を入れ（目印は外す）、引き抜き編みをし、立ち上げのくさり編みを1目編み、残り9段（計10段、縦16cm）を同様の要領で編む。

49 最後の10段めは引き抜き編みのみ。次に本体上部の仕上げP15（59〜62）の引き抜き編みをする。

>> 持ち手を編む

50 隣の目（矢印）にかぎ針を入れつなぐための引き抜き編みをする。

51 立ち上げのくさり編みを1目編む。

52 P32(8〜27)を参照し、持ち手を編む（同様の目数です）。

53 本体底の糸を5mm残して切る（2周めで糸を沿わせているのでほどける心配はありません）。

54 本体の完成。

>> コンチョをつける

人工のヒトデコンチョがオススメ。裏は糸が通せるようになっている

55 P16(72〜82)を参照し、好みの場所にコンチョをつける。

完成

56 P74を参照し、タッセルを作り、好みの位置につけて完成。

Mini Concho Bag

How to make P57

小さめのコンチョを並べてつけると
ぐっと大人っぽい雰囲気になります。

ミニコンチョバッグ

丸底の編み方をマスターしたら、持ち手やフリンジをつけてみて♪

材料
- アイスグレー系ズパ(1玉・120m)
- かぎ針6mm
- コンチョ5個(直径約1.5cm)
- まち針5本
- 縫い針
- 縫い糸(本体糸色と近いもの)
- はさみ

Ⓐ:薄茶系ズパ(1玉・120m)

これが入ります

- 長財布
- キーケース
- ミニポーチ
- ペットボトル2本
- 携帯

20cm × 23cm

STEP ≫ 丸底を編む

1 P49(1〜46)を参照し、丸底を7周編む(7周めは「1目・2目・1目・1目・1目・1目」のリズム)。56目できる。

STEP ≫ 側面を編む

2 P54(47〜49)を参照し、こま編みで12段編み、最後は引き抜き編みのみで、立ち上げのくさり編みは編まない。

3 P15(59〜62)を参照し、仕上げの引き抜き編みを1周編む。

STEP ≫ 持ち手を編む

4 P32(6〜15)を参照し、持ち手を編む。
1周めは、こま編み7目→くさり編み14目→こま編み7目を裏、表編む。

くさり編みで1目立ち上げた状態

5 2周めは、P32(16〜24)を参照し、こま編み6目→縦長こま編み1目→こま編み14目→縦長こま編み1目→こま編み6目を表、裏編む。

6 つなぐための引き抜き編みを1目編む。

7 引き抜き編みで7目編む。

8 持ち手の下からかぎ針を入れ、糸をかけ、矢印の方向へ引く。

9 引き抜いた後の状態。

10 さらにかぎ針に糸をかけ、2目を一度に通す。

11 こま編み1目完成。8〜10の要領で、あと17目(計18目)編む。

12 残りの7目も引き抜き編みをする。

13 反対側も同様に編み、糸端を15cm残して切り、糸の始末(P15〈64〜70〉)をし、底の糸も切る。

>> フリンジをつける

14 25cmの糸を14本、30cmの糸を28本用意する。

15 11段めと12段め(矢印)にフリンジをつける。

16 P34(30〜36)を参照し、11段めは25cmの糸を1目おきにフリンジをつける。

17　11段めにフリンジがついた状態。

18　12段めは30cmの糸を全ての目にフリンジをつける。

19　はさみでフリンジを整える。

20　本体の完成。

≫ ミニコンチョをつける

21　コンチョをつけたい位置にまち針で目安をつける。

22　コンチョを縫いつけていく。

完成

Multicolor Pochette with Charm Loop
How to make P61

余った糸を上手に活用、自分の好みの色合わせで
オシャレなポシェットに。

余った半端糸は捨てないでとことん活用!
チャームループ付マルチカラーポシェット

材料

リボンXL(赤17m、白・青各14m、オレンジ・黄色・水色各7m、茶色1/3玉・40m)
スウェードひも (1.5m3本、60cm2本、40cm1本)
羽チャーム2個/丸カン2個/平ヤットコ2本
かぎ針6mm/コンチョ(直径約3cm)
手芸用ボンド/はさみ

A
B:P65参照

これが入ります

12cm / 14cm

・二つ折財布
・携帯
・キーケース

STEP ≫ 丸底を編む

STEP ≫ 側面を編む ─糸色を変える **糸の色変え**

1 P49(1〜46)を参照し、茶色の糸で丸底を6周編む。48目できる。

2 同じ糸でこま編みを47目編む。

3 48目めはこま編みの途中(2本の糸がかかった状態)で糸を10cmほど残して切る。

4 1段めの糸の根元に新しい糸(青色)をかた結びする(糸のつなぎ方、P41参照)。

5 新しい糸にかぎ針をかけ、こま編みをする。

6 こま編みが1目できました。

7 引き抜き編みをし、さらにくさり編みで1目立ち上げる。

8 短い糸を2本沿わせ編み込みながら、こま編みで2、3段めを編む(3段めは48目の途中まで)。

9 48目めの途中から水色に変え、同様の要領(3〜8)で4段めを編む。

段が変わる際は引き抜き編みとくさり編みで1目立ち上げるのを忘れないこと

切った糸端は沿わせて編み込む

10　4段め48目めの途中で白色に変え、同様の要領で5段めを編む。

11　6段めは黄色の糸で同様の要領で編む。

12　7段めは白色の糸で同様の要領で編む。

13　8段めはオレンジ色の糸で同様の要領で編む。

14　9、10段めは赤色の糸で同様の要領で編み、最後に引き抜き編みをする（立ち上げのくさり編みはしない）。

≫ 本体上部の仕上げ

15　P15（59～62）を参照し、仕上げの引き抜き編みを1周編む。

≫ 本体の仕上げ―糸の始末

16　P15（64～70）を参照し、糸の始末をする。

17　本体底の糸を切る（2周めで糸を沿わせているのでほどける心配はありません）。

18　本体の完成。

>> **コンチョをつける**

19　P16(72〜82)を参照し、コンチョをつける。

 >> **ショルダーひもをつける**

20　スウェードひも1.5mを3本、60cmを2本と手芸用ボンドを用意する。

21　1.5mのスウェードひもの端を軽くしばり、三つ編みを編む。

22　立ち上がりと、24目めの位置にひもを通す。

23　仮しばりをほどいて、ポーチにしばりつける。

24　ボンドを塗る。

25　指で押さえてしっかりくっつける。

26　ボンドをつけた場所に60cmのひもを8の字になるように持つ。

27　8の字の中央にひもを6周巻きつける。

28　上の輪を引っ張り下の輪を中に引き入れる。

29 さらに6周ひもを巻きつける。

30 巻いていたひも端を輪の中に入れる。

31 上側のひもをしっかり持ち、下のひもを引き、上側の輪を引き入れる。

32 余ったひも端をはさみで切る。

33 ショルダーひもが片方つきました。反対側も同様の要領で行う。

STEP　チャームループをつける　チャーム付ループ

35 丸カンを平ヤットコで広げる。

36 チャームを通して再度閉じる。

34 40cmのスウェードひも1本、平ヤットコ2本、羽チャーム2個、丸カン2個を用意する。

38 コンチョの真裏にあたる目からスウェードひもを通す。

39 コンチョの下側でしばる。

37 同じものを2つ作っておく。

40 それぞれのひも先にチャームを通して結ぶ。チャームのつけ位置は左右の長さを変えるとかわいい。

41 ひもを2～3mm残して斜めに切る。

完成

材料 リボンXL
（ジーンズブルー1/2玉・60m、エメラルドグリーン28m、アイスブルー7m）
その他は同様

ジーンズブルー：10段め、仕上げの引き抜き編み1周

アイスブルー：7段め

エメラルドグリーン：5、6・8、9段め

ジーンズブルー：底、1～4段め

タッセル
How to make P74

Marché Bag for Mom & Kids

How to make P67.P72

側面と底の色を反転させるなど、
色づかいの工夫でおそろい感を出すのが今風♪

Thank you for everyone...♥

ペットボトルホルダー
How to make P73

親子マルシェバッグ—親マルシェ

ニコちゃんマークのつけ方や、ループをタッセル状にする方法をマスター

材料
青系ズパ(1/2玉・60m)
ネオンピンク系ズパ(1/3玉・40m)
かぎ針6mm
コンチョ(直径約3cm)
はさみ

Ⓐ
Ⓑ：黄色系ズパ(1/2玉・60m)、ミックス系ズパ(1/3玉・40m)

これが入ります

16cm / 20cm

・長財布
・キーケース
・ミニポーチ
・ペットボトル
・携帯

STEP 》 マルシェバッグを編む

1 P49〜55を参照し、マルシェバッグを編む（底はピンク、側面は青で編む）。

＊糸の色変えはP61(2〜6)を参照

STEP 》 ニコちゃんを編む—目を編む　ニコちゃんマーク

2 1.2mの糸を1本用意する。

3 8段めと9段めの間、右から2目め（矢印）のところにかぎ針を刺す。

糸端10cm残す

4 糸端から10cmのところで、内側の糸を引き出す（引き出しきらないこと）。

5 糸をかぎ針に入れたまま真上の目（矢印）に再度かぎ針を入れる。

6 内側の糸を輪の中へ引き出す。

7 内側の糸を全て引き出す。

8 4と同じ目の内側からかぎ針を出す。

9 糸をかけて内側に引き入れる。

67

10 片目の完成。

11 1目あけて同様の作業をする。

12 両目の完成。

>> 口を編む

13 左目の下側の目から1目あけて(矢印)かぎ針を入れる。

14 内側の糸を引き出す(引き出しきらないこと)。

15 糸をかぎ針に入れたまま隣の目(矢印)に再度かぎ針を入れる。

16 内側の糸を輪の中へ引き出す。

17 内側の糸を全て引き出す。

18 15と同じ目の内側からかぎ針を出し、内側に引き入れる。

19 左口端の完成。

20 13と同じ目にかぎ針を入れる。

21 内側の糸を引き出す(引き出しきらないこと)。

22 糸をかぎ針に入れたまま真下の目(矢印)にかぎ針を入れ、中の糸を輪の中へ引き出す。

23 斜め右下(矢印)の編み目(矢印)にかぎ針を入れ、中の糸を輪の中へ引き出す。

24 斜め右下(矢印)の編み目(矢印)にかぎ針を入れ、中の糸を輪の中へ引き出す。

25 隣の目(矢印)にかぎ針を刺し、中の糸を輪の中へ引き出す。

26 隣の目(矢印)にかぎ針を刺し、中の糸を輪の中へ引き出す。

27 斜め右上(矢印)にかぎ針を刺し、中の糸を輪の中へ引き出す。

28 斜め右上(矢印)にかぎ針を刺し、中の糸を輪の中へ引き出す。

29 真上(矢印)にかぎ針を刺し、中の糸を輪の中へ引き出す。

30 29で引き出した糸を全て引き出す。

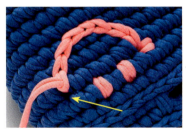

31 引き出した場所と同じ目(矢印)の内側からかぎ針を出し、外に出した糸を引き入れる。

32 隣の目(矢印)にかぎ針を刺し、内側の糸を引き出す。

33 隣の目にかぎ針を入れ、中の糸を輪の中へ引き出す。

34 33で引き出した糸を全て引き出す。

35 引き出した糸を同じ目に引き入れる。

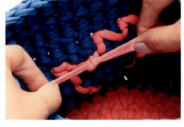

36 内側の糸をかた結びする。

37 余った糸を1cmずつ残して切る。

38 ニコちゃんの完成。

STEP ≫ コンチョをつける

39 P16(72〜82)を参照し、コンチョをつける。

STEP ≫ タッセルループをつける　タッセルループ

40 70cmの糸1本、60cmの糸1本、30cmの糸8本を用意する。

41 コンチョの真裏にあたる目から70cmの糸を通す。

42 持ち手の中に糸を通し、コンチョの下で固結びをする。

43 ループを一度コンチョから外し、裏側へ持っていく。

44 30cmの糸の中央を結び目の位置に合わせ、そこを両端の糸できつくしばる。

45 半分に折り糸を整える。

46 頭から2cm位のところで60cmの糸を8の字になるように持つ。

47 8の字の中央に3周糸を巻きつける。

48 大きい輪の片側(下の短い糸が引き込まれない方)を引き、下の輪を周囲に巻いた糸の中に引き込む。

49 小さい輪が見えなくなりました。

50 さらに3回長い方の糸を周囲に巻きつける。

51 糸端を大きい輪に入れ、上側の糸をしっかり押さえて、下側の糸を下へ引っ張り上の輪を中へ引き入れる。

52 結び目が見えなくなるまで上下にしっかり引っ張る。

53 根元で糸を切る。

54 下の糸を1本ずつ引っ張りながら、形を整える。

55 はさみで長さを切りそろえる。

完成

56 親マルシェバッグの完成。

親子マルシェバッグ—子マルシェ

自分専用のバッグを持つと、ちょっと大人に近づいた気分♪

材料 Ⓐ
- ピンク系ズパ（1/3玉・40m）
- 青系ズパ（1/4玉・30m）
- かぎ針6mm
- コンチョ（直径約3cm）
- ナスカン2個
- ハサミ

Ⓑ：薄ピンク系ズパ（1/3玉・40m）、ミックス系ズパ（1/4玉・30m）

これが入ります
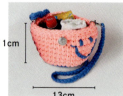
- ミニペットボトル
- おやつ
- タオルハンカチ

11cm / 13cm

 STEP » **マルシェバッグ**を編む

1 P49〜55を参照し、マルシェバッグを編む（ただし、持ち手はつけない）（底は青系糸4周、本体はピンク系糸7段）。

＊糸の色変えはP61（2〜6）を参照

 STEP » **ニコちゃん**を編む

2 P67（2〜37）を参照し、ニコちゃんを編み込む。

ココのみ違う
5段めと6段めの間、右から2目め（矢印）にかぎ針を刺す。

 STEP » **コンチョ**をつける

3 P16（72〜82）を参照し、コンチョをつける。

 STEP » **タッセルループ**をつける

4 60cmの糸2本、20cmの糸9本を用意する。

5 P70（41〜55）を参照し、タッセルループをつける。

 STEP » **三つ編みショルダーひも**をつける

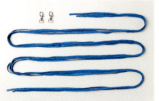

6 子どものサイズに合わせた長さの糸3本、ナスカン2個を用意する。

完成

7 P23（16〜22）を参照し、三つ編みショルダーひもをつけ、子マルシェの完成。

あると便利！ ママはバッグにつけて、子どもは斜めがけに♪
ペットボトルホルダー

材料
ネオンオレンジズパ（1/4玉・25m）
ミックス柄ズパ（15m）
かぎ針7mm
コンチョ（直径約3cm）
ナスカン2個
はさみ

14cm / 9cm

STEP ≫ 丸底を編む

1 P49（1〜26）を参照し、丸底を2周編む。写真は引き抜き編みをし、くさり編みで1目立ち上げたところ。

＊サイズは入れたいものに合わせる

STEP ≫ 側面を編む

2 P54（47〜49）を参照し、矢印の位置からかぎ針を入れて、こま編みで8段（1周16目）編む。1周編むごとに引き抜き編み+くさり編みで1目立ち上げを忘れないこと。

3 P61（2〜6）を参照し、9段めは8段めの15目まで編んだら、16目めはこま編みの途中で新しい糸にかえ、1周編む。

4 1周編み終えた状態。引き抜き編みをし、立ち上げのくさり編みは編まない。

5 P15（59〜62）を参照し、仕上げの引き抜き編みを1周編む。

6 糸の始末（P15〈64〜70〉）をし、コンチョをつける（P16〈72〜82〉）。

7 ナスカン2個とミックス柄の3mの糸を3本用意する（長さは使用サイズに合わせる）。

8 P23（16〜22）を参照し、三つ編みショルダーひもをつけて完成。

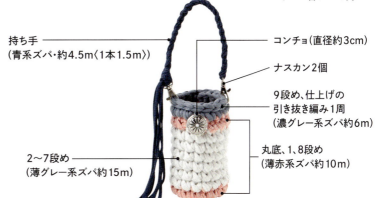

持ち手（青系ズパ・約4.5m〈1本1.5m〉）
コンチョ（直径約3cm）
ナスカン2個
9段め、仕上げの引き抜き編み1周（濃グレー系ズパ約6m）
2〜7段め（薄グレー系ズパ約15m）
丸底、1、8段め（薄赤系ズパ約10m）

タッセル

余った糸はタッセルに活用すると◎。バッグの雰囲気がガラッと変わります。

材料

好みの糸60cm2本、
50cm10本
ナスカン1個
好みのコンチョ（直径約3cm）
＊つけなくてもOK。好みで
はさみ

22cm

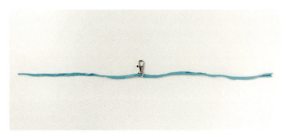

1　60cmの糸の中央に
　ナスカンを通す。

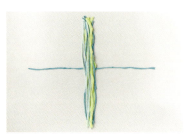

2　50cmの糸10本を
　ナスカンの上に置く。

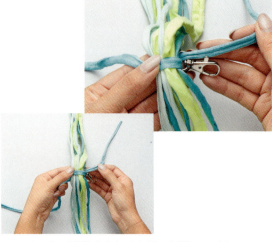

3　ナスカンを通した糸を、上に置いた50cmの糸に
　ぐるっと1周させてからナスカンに通す。

4　一度きつくしばる。

5　ナスカンを持ち、形を整える。

6　60cmの糸を上から
　2cm位のところで、
　8の字になるように持つ。

7　8の字の中央に
　3周糸を巻きつける。

8 大きい輪の片側(下の短い糸が引き込まれない方)を引き、下の輪を周囲に巻いた糸の中に引き込む。

9 下側の小さい輪が見えなくなりました。

10 さらに3回長い方の糸を周囲に巻きつける。

11 コンチョをつけたい人はここで糸にコンチョを通す。

12 上側の糸端を大きい輪に入れ(コンチョを入れた糸)、しっかり押さえて、下側の糸を下へ引っ張る。

*写真はコンチョをつけていないもので説明

13 結び目が見えなくなるまで上下にしっかり引っ張る。

14 上下の余分な糸端を見えないようギリギリのところで切る。

15 形を整える。上部がボコボコしているときは、下の糸を引っ張り、調整する。

16 バッグのサイズに合わせ好みの長さに切りそろえる。

完成

ナスカンなど必要なし！ しばってバッグにくくりつけられるタッセル。
ダブルタッセル

好みのファジーズパ
90cm3本、40cm12本
好みのカラーズパ60cm2本
はさみ

40cm

1　90cmの糸3本を両端20cmずつ残して三つ編みする。一方の三つ編みの根元は仮しばりする。

2　仮しばりしていない方の側の糸3本のうち真ん中を残して2本をしばる。

3　しばった後の状態。

4　残した真ん中の糸を上方に置き、三つ編みと重ねる。

5　40cmの糸6本をその上に重ねる。

6　両端の2本の糸で40cmの糸を中央でしばる。

7　三つ編み部分を持ち、形を整える。

上側の輪を大きく

8　60cmの糸を上から2cm位のところで、8の字になるように持つ。

9　8の字の中央に3周糸を巻きつける。

10 大きい輪の片側（下の短い糸が引き込まれない方）を引き、下の輪を周囲に巻いた糸の中に引き込む。

11 小さい輪が見えなくなりました。

12 さらに3回長い方の糸を周囲に巻きつける。

13 上側の糸端を大きい輪に入れ、しっかり押さえて、下側の糸を下へ引っ張る。

14 結び目が見えなくなるまで上下にしっかり引っ張る。

15 上下の余分な糸端を見えないようギリギリのところで切る。

16 形を整える。上部がボコボコしているときは、下の糸を引っ張り、調整する。

17 もう方側も同様の手順でタッセルを作る。

18 バッグに合わせ好みの長さに切りそろえる。

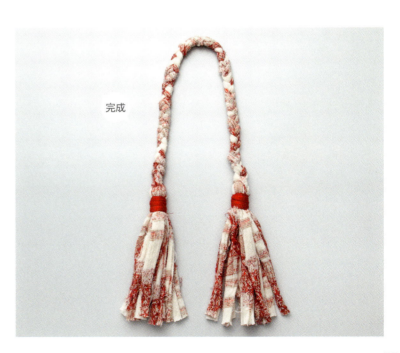

完成

77

カジュアルなティッシュケース、お部屋の雰囲気に合わせて編んでみて♪
ティッシュケース

青系ズパ(1/4玉・30m)
ミックス系ズパ(約5m)
薄グレー系ズパ(約6.2m)
かぎ針6mm
コンチョ(直径約3cm)
はさみ

13cm　24cm　7cm

>> 上面を編む

1　P9(1～9)を参照し、くさり編みで18目(26cm)編む。P10(10)を参照し、くさり編みでもう1目増やす。

*サイズは入れたいものに合わせる

2　P43(2～6)を参照し、4段編む。

3　編み地の向きを変え、立ち上げのくさり編みを1目編んでからこま編みで4目編む。

4　くさり編みで10目編む。

5　10目分あけてこま編みを4目編む。

6　編み地の向きを変え、立ち上げのくさり編みを1目編んでからこま編みで3目編む。

7　4目めは先ほどの目より1段下の目(矢印)から編む。

8　編み終えた状態。長いV字になっている。

9　4のくさり編みにこま編み10目編み、次に最初の1目めは7、8と同様に編み、残り3目はこま編みする。

10　2と同じ要領で段ごとに編み地の向きを変えながら4段こま編みする。

11　編み地の向きを90度変え、P44〈11〜20〉を参照し、3段こま編みをする。

12　4段めは糸色を薄グレー系に変え（P61〈3〜7〉参照）1段編む。

13　5段めは糸色をミックス系に変えて編む。

14　1周編んだら、仕上げの引き抜き編みはせず、糸の始末（P15〈64〜70〉）をする。

15　P16〈72〜82〉を参照し取り出し口の下の中央にコンチョをつけ、本体の完成。

STEP ≫ ループをつける

16　コンチョの対向にあたる部分にループとなる糸（薄グレー系、1.2m）を二つ折りにし、目に入れる。

17　糸を輪の中に入れ結びつける。

18　下側からループを通す。

19　糸をまとめてしばり、輪を作る。

20　輪をコンチョにかけ、完成。

上面、側面3段（アイボリー系ズパ・約30m）
4段め（赤系ズパ・約5m）
5段め（青系ズパ・約5m）
ループ（茶系ズパ・1.2m）
好みのコンチョ

【材料提供】
ディー・エム・シー株式会社
URL：www.dmc.com
〒101-0035
東京都千代田区神田紺屋町13番地
山東ビル7F
Tel.03-5296-7831
（平日10時〜17時30分まで）

【衣装・小物協力】　＊掲載アイテムは時期により、完売・品切れになる場合がございます。

ハバダッシュリー 吉祥寺店
TEL: 0422-27-6575
（p56シャツ、スカート）

Burnish
TEL: 03-3468-0152
（p20バンダナ、p30,36,48靴、表紙・p42トップス、p48ボーダーカットソー、p56靴、p60カットソー）

CPCM
TEL: 03-3406-1104
（表紙・p36シャツワンピース、表紙・p42バングル、p56バングル、p60パンツ）

DELFONICS 丸の内
TEL: 03-3287-5135
（p21,25,43,67長財布、p25B5ノート、ペン、p31手帳、p31,37,49,61二つ折財布、p57キーケース）

GARAGE OF GOOD CLOTHING JAPAN ルミネ新宿店
TEL:03-6304-5625
（p20ガウン風トレンチコート、p36ラップ風ストライプパンツ、p48アウトポケットスカート）

ハンズ オブ クリエイション
TEL: 03-6427-8867
（p56カーディガン）

HOLLYWOOD RANCH MARKET
TEL: 03-3463-5668
（p24Gジャン、デニム、Tシャツ、バンダナ、バングル、p42ビーチタオル、p60ロングカーディガン）

IDÉE SHOP VARIÉTÉ 渋谷店
TEL: 03-6434-1641
（p20,24ピアス、p21,25,31,37,43,49,61,67キーケース、p30ワンピース、キリム、p30,48帽子、p36ブレスレット、p48ピアス、チェックブランケット、p56ストライプブランケット、p57長財布、p60ピアス〈参考商品〉）

miroir de ensuite magasin
TEL: 03-5459-1153
（p36Tシャツ、表紙・p42パンツ、p48ビーチサンダル）

一番わかりやすいズパゲッティの本！
半日でサクサクできるズパゲッティバッグ＆小物
編み図がよめなくてもOK！

2017年 8月 2日　第1刷発行
2018年10月 4日　第9刷発行

著　者	徳増理恵	デザイン・レイアウト	三橋理恵子（Quomodo DESIGN）
発行者	渡瀬昌彦	校正	戎谷真知子
発行所	株式会社　講談社	協力	白熊桃子
	〒112-8001　東京都文京区音羽2-12-21	写真	伊藤泰寛（講談社写真部）
	販売　TEL03-5395-3606	動画	久保紫苑（講談社写真部）
	業務　TEL03-5395-3615	スタイリスト	橋本真奈美
編集	株式会社　講談社エディトリアル	ヘアメイク	橘 麻耶
代表	堺　公江	モデル	エモン美由貴（ヴィズミックモデルエージェンシー）
	〒112-0013　東京都文京区音羽1-17-18		
	護国寺SIAビル6F		
	編集部　TEL03-5319-2171		
印刷所	半七写真印刷工業株式会社		
製本所	大口製本印刷株式会社		

定価はカバーに表示してあります。
本書のコピー、スキャン、デジタル化等の無断複製は著作権法上での例外を除き禁じられております。
本書を代行業者等の第三者に依頼してスキャンやデジタル化することはたとえ個人や家庭内の利用でも著作権法違反です。
落丁本・乱丁本は、購入書店名を明記の上、講談社業務宛（03-5395-3615）にお送りください。
送料講談社負担にてお取り換えいたします。
なお、この本についてのお問い合わせは、講談社エディトリアル宛にお願いいたします。

© Rie Tokumasu 2017 Printed in Japan
ISBN978-4-06-220675-4